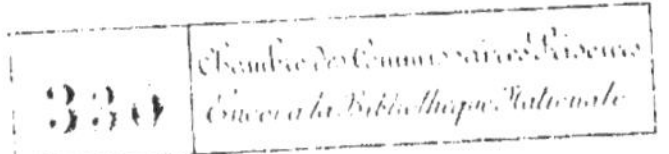

Vente du Jeudi 5 Novembre 1903

HOTEL DROUOT — SALLE N° 8

EX-LIBRIS

ANCIENS

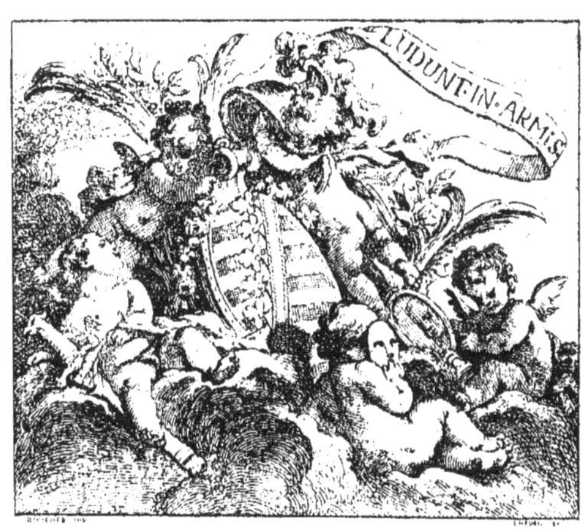

N° 28 du Catalogue

Me MAURICE DELESTRE, Commissaire-Priseur

5, rue Saint-Georges

M. LOYS DELTEIL, Artiste-Graveur, Expert

22, rue des Bons-Enfants

CATALOGUE

D'UNE

Collection d'Ex-Libris

ANCIENS

Dont la vente aura lieu

à Paris, HOTEL DROUOT, Salle N° 8

Le Jeudi 5 Novembre 1903, à 2 heures précises

Par le Ministère de Me MAURICE DELESTRE

COMMISSAIRE-PRISEUR

5, rue Saint-Georges

Assisté de M. LOYS DELTEIL, Artiste-Graveur Expert

22, rue des Bons-Enfants

CONDITIONS DE LA VENTE

Elle sera faite au comptant.

Les acquéreurs paieront *dix pour cent* en sus des prix de l'adjudication.

M. Loys Delteil remplira les commissions que voudront bien lui confier les amateurs ne pouvant y assister ; il se réserve, en outre, la faculté de diviser ou de rassembler les lots.

MM. les amateurs pourront visiter la collection, 22, *rue des Bons-Enfants*, le *31 Octobre* et les *3 et 4 Novembre*, de 10 heures à 4 heures.

N. B. La liste des prix d'adjudication de cette vente sera imprimée et tenue à la disposition des amateurs, moyennant la somme de 1 fr.

On peut s'inscrire dès maintenant, chez *M. Loys Delteil*, 22, *rue des Bons-Enfants.*

DÉSIGNATION

FRANCE

XVIIe Siècle et débuts du XVIIIe

1. Anonymes. Neuf pièces rares, une par *Jacques de Ballieu*. Deux lots.
2. — Bardin (Jean). In-8. Très rare.
3. — Bigot (L. E.), par *B. D.* Deux variantes in-18 et in-12.
4. — Corberon. Petit in-4°.
5. — Dacquet. In-8. Rare.
6. — Despeisses — (Pourroy de Quinsonnas), 2 variantes. Trois pièces.
7. — Hallé (Barth.), chanoine de Rouen. In-4°. Rare.
8. — Hocquart (Louis), droguiste à Mons, 1677. Rare.
9. — Horcholle (Th.) — Seraucourt (J. N. de), curés-doyens de Rouen. Deux pièces in-8.
10. — Mareste (Antoine de), du Parlement de Normandie, 1671. Rare.
11. — Ménage (Gilles), 1692. In-8.
12. — Scott de la Mésangère. In-8. Rare.
13. — Baudet — Horcholle (Th.) — Le Poivre de Villiers — (J. Mareste) — (Quinsonnas) — Seraucourt (J. N.) Anonyme. Sept pièces.
14. — Boudon de St-Amand — Talon — Tralage (J. N. de) — Vacher — Anonyme. Cinq pièces.
15. — Boudon de St-Amand — Boutandon (de), 1647 — Bulteau de Préville, par *P. Giffart* — Tarin — Tralage (J. N. de) — Vacher. Six pièces.

16. — Brumoy (P.) — (Goujon) — Montalivet (Cte de) — Theroulde (L.). Quatre pièces rares.
17. — Bulteau de Préville, par *P. Giffart* — Petau (Alex.) — Janson (J. de), par *Vallet*. Trois pièces.
18. — Bulteau de Préville, 2 variantes, par *P. Giffart* — Félibien (A.) 1650 — Hozier (L. P. d') — Huet (P. Daniel), 1692. Cinq pièces.
19. — De la Fosse (F.), (Rouen) — Joigny (C. G. F. de), rare — Pellot (Mgr). Trois pièces par *J. Toustain*.
20. — Decaquelon — Desevaux — Garnier de Gurgy Lasoudexbrie (de) — (La Vallée ?). Cinq pièces.
21. — (de Varaigne) — Anonyme — Le Roux (L. A.), par *Nonot*, et *Charlotte Nonot* Boudon de St-Amand — Cusset — Tarin — Talon — (Bignon). Huit pièces.

XVIIIe Siècle

22. — Anonyme (deux écus accolés). Jolie petite pièce par *Germain*.
23. — Anonyme, signé *L. Monnier fecit Divio 1764*.
24. — Anonymes. Huit jolies petites pièces, plusieurs rares.
25. — Amé de St-Didier, par *E. Voysard* — Laussat (J. G.), par *Baour* — (L'Ecaudé), par *Dieu* — Ollivier (A.), par *Chalmandrier*. Quatre pièces.
26. — Amfreille (Cte d') — Chef d'hostel (L.) — Harcourt (d') — Anonyme. Quatre pièces par *Gouël*.
27. — Archambault (d'), par A.-F. Sergent Marceau, 1778.
28. — Armes de Saxe. Jolie pièce gravée par *Chedel*, d'après F. Boucher. Rare.
29. — Aubry (J. T.), par *Martinet* et anonyme — Bachelier fils. Trois pièces.
30. — (Balathier de Mas) — Francœur l'aîné, par *Collard* — Froment de Champlagarde, par *P. C. J.*, 1785. Trois pièces.
31. — Ballière (C). — Gaillard (J.). — Guillebon, 2 variantes. — Le Roy. Cinq pièces par *Jacques*.

32. — Ballière. — Hebert, chanoine de Rouen. — Herambourg. — Quillebeuf, Sgr. de Bethencourt. Quatre pièces par *Gouël*.

33. — Beaumont (R. Jehannot de), par *Allin*, 1742.

33 *bis* — Le même ex-libris.

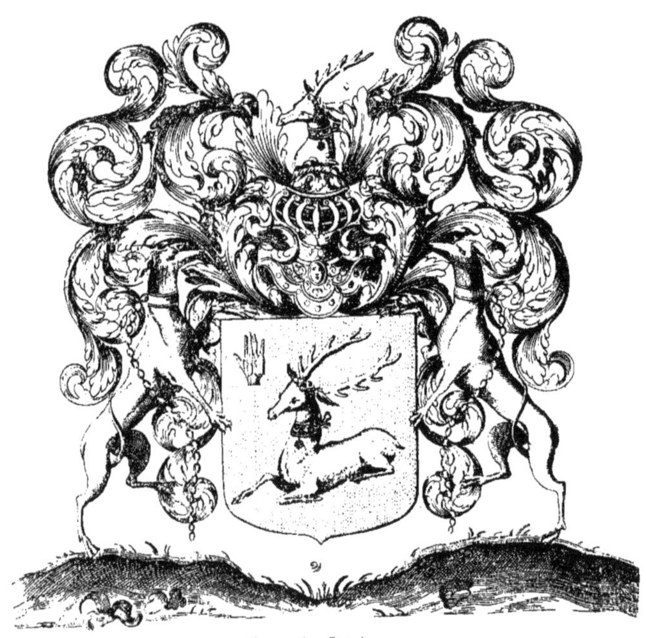

N° 12 du Catalogue

34. — Beaumont d'Autichamps. — Monthiers (de). Deux pièces.

35. — Berthou (de), par *A. Ollivault*. In-8. Très rare.

36. — Bertrand (L. F.), par *Lacomparde*. In-8. Rare.

37. — Bougainville (de), de l'Académie Française. In-18. Rare.

37 *bis* — Brissac (Duc de), par *George*. — (de Béthune), par *Delcourt fils*. Deux pièces.

38. — Bourbon (Louise-Adelaïde de). In-12. Rare.
39. — Bourbon-Busset (Vte de), par *Mme Jourdan*, 1788, et anonyme, 1793. Deux variantes.
40. — Bourbon-Malause et Marie F. de Maniban, sa femme. Rare.
41. — Bourzac (Ctesse de). — Bourzac (J. F. La Cropte de). Deux pièces, la 1ère rare.
42. — Broglie (Mme la Dsse de). Rare (petites restaurations).
43 — Brosses (C. de). — Fenille (de). — Guillemart. (Le Mulier). Quatre pièces par *Durand*.
44. — Champcenetz (de). In-8.
45. — Château-Giron (J. M. de), par *Ollivault*. In-8. Rare.
46. — Cleenewerk (A.) — Fauconpret de Thulus — Sainte Aldegonde (Cte de), par *Helman* — Faventine de Fontenille — D'Aine (J. B. N.) par *P. L. Cor*. Cinq pièces.
47. — Clouet — Lavoisier. Deux pièces, par *De la Gardette*.
47 *bis*. — Convers (P. A.), par *L. Monnier*, 1762.
48. — Convers (P. A.), par *L. Monnier*, 1762 — Vacher (L.) par *Monier*, 1768. Deux pièces.
49. — Les mêmes ex libris.
50. — Copette (P. Fr.) — Desmaretz (Abbé), par *Chevalier* — Pucelle (Abbé), par *Tardieu fils*. Trois pièces.
51. — Cougniou de Mairville (M. H. de), par *Huquier fils*. Rare.
52. — Crozat, Baron de Thiers — Hénault (Président). Deux pièces d'après *F. Boucher*.
53. — Descamps (J. B.), par *N. Le Mire* — Montigny (Mignot de), par *Louise Le Daulceur*. Deux pièces.
54. — Des Salles, par *Nicole*, à Nancy. In-8°.
54 *bis*. — Douglas (Louis-Archambaud), par *L. Monnier*. S. sign.
55. — Durant de St-Cirgues (F.), 1737. Rare.
56. — Estampes (L. d'), 2 variantes — Estanville (d'), par *Le Maître*, 2 variantes. Quatre pièces.
57. — Estival (Bibl. de l'Abbaye d'), par *Nicole* 1735.
57 *bis*. — Le même ex-libris.
58. — Fleurieu (Le Ch[r] Claret de), 2 variantes.

59. — Foullon — De Lucenay — De Luynes — De Surmain. Quatres pièces par *C. Roy*.

60. — Fréminville (de), jolie petite pièce. Rare.

61. — Gaillard (J.) — Roussin (J.) — Le Roy — Ballière (C.). Quatre pièces par *Jacques*, Rouen.

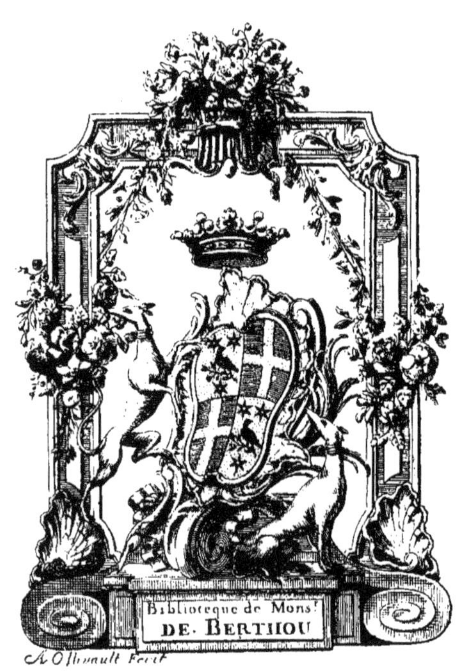

N° 35 du Catalogue

62. — Gallois (Pr[t]), 2 variantes, une par *Nicole* — Pons (de), Lorraine. Trois pièces.

63. — Godefroy, par *D. C.* (D. Chodowiecki). In-12.

64. — Godrans (Collège des), par *Roger*. Rare.

65. — Godrands (Collège des). 2 variantes, une par *Roger*. Rares.

66. — Gosset de Saint-Clair, Montpellier, par *C. S. Gaucher*.
67. — Guerry (C. T. F. Chr de), par *Ollivault*, à Rennes.
68. — Le même ex-libris.
69. — Haillet du Fossé (G. A.), 3 variantes, une par *Corneille* — Libert de Beaumont, par *Derond*. Quatre pièces.
70. — (Haincque de St-Senocq), par *Coquardon* — Breteuil (de). Deux pièces.
71. — (Jacquemin), par *J. C. François*, Nancy, 1739. In-8.
72. — Jaume (F. Th.), in-8 — Grognard (Fr.) in-18. Deux pièces.
73. — Kalion (De), avec la devise : *Ex hasta successit oliva*.. In-8. Rare.
73 *bis*. — La Flize — Carvoisin (de). Deux pièces par *Collin*.
74. — Lamourous (de) — Polverel (de). Deux pièces par *Pallière*.
75. — La Rochefoucauld (F. de), par *Aug. de St-Aubin*.
76. — La Roque (J. de), archevêque de Rouen (1724). In-8. Rare.
77. — Lavoisier, de l'Académie des Sciences, par *De la Gardette*.
78. — Leblanc (l'Abbé), par *Galimard*, d'après Cochin fils.
79. — Ledru (J. P.), médecin. Cinq variantes — Louis le fils — Ludovici Chef d'hostel, par Gouël. Sept pièces.
80. Lemulier (J. J. A.), par *Durand* — Le Roy, par *Jacques* — (Luynes?), par *Roy* — Vallée (J. O.), par *Beaumont*. Quatre pièces.
81. — Le Vassor de la Touche, par *Ingram*, d'après C. N. Cochin.
82. — Mengin, Lieut[t] général (Baillage de Nancy), par *Collin*.
83. — Meyran (de), par *Michel* — Palisot (J. F.). Deux pièces.
84. — Midy de la Grainerais et Duperreux. Quatre variantes, deux par *Gouël*.
85. — Mignot de Montigny, 2 variantes — d'Arconville (Mme d'). Trois pièces par *Mme Le Daulceur*.

86. — Millet de Chevers (de), par *Collin*, 1756. In-8.
87. — Montmorin St-Hérem (A. Marc, Cte de). In-8.
88. — Montmorin St-Hérem (A. M. Cte de). In-8.
89. — Mouchard (F.), 1732 — Mouchard (attr. à), 3 variantes. Quatre pièces.
90. — Palisot (J. F.) et Palisot d'Athies. Trois variantes, une tirée en ton bleuté.
91. — Pennamprat (Abbé de), par *Descarnots*.
92. — Perrault (F.), par *Le Tillier*, 1764. In-8.
93. — Perrot (P. Claude), attribué à *L. Monnier*. In-8.
94. — Petitbois (du), par *Ollivault*, 1772. Rare.
95. — Piolaine (E.), de la Congrégation de St-Maur, par *Ollivault*.
96. — Rumare (de), 3 variantes in-18 et in-12. — Pontus (B.). Quatre pièces.
97. — Saint-Maurice (de), 4 variantes.
98. — Saint-Maurice (de), 4 variantes.
99. — Sarreau In-12. Deux épreuves, une très belle.
100. — Toustain (Vte de), par *Ollivault*. In-8.
101. — Tronchin (J. A.), par *P. P. Choffard*.
102. — (de Trudaine), par *Berthault*. In-18.
103. — Victoire de France (Mme), par *C. Baron*.
104. — Le même ex-libris.
105. — Vienne (de), abbé de Bonne-Fontaine, par *C. Roy* et anonyme. Deux variantes rares.
106. — Vintimille (Mme de). In-12.
107. — Ex-libris féminins : Arconville (Mme), par *Louise Le Daulceur*. — Damas (Csse Ch. de). — Fleury (Mise de). — Girangy (Mme de). — Pons (Mise de). — Yve (Anne Thse. d'). Six pièces.
108. — Frontispice du catalogue de la *Bibliothèque de Mme la Dauphine, No 1* (avec le portrait de Marie-Antoinette, entourée des Grâces), par *Ch. Eisen*, 1770.
108 *bis* — Fleury (Mise de). — Fuligny-Damas (Cte et Csse de). — Guéménée (Psse de). — Ségur (Vsse de). Quatre pièces.
109. — Bouchard (Mme de). — Roullier (Miss) — Preysing (Csse de). — Besons (Csse de), encadr. typographique.[1] — Beaumanoir (Mme de). — Pons (Mise de). Six pièces.

110. — ECCLÉSIASTIQUES ET COUVENTS. Prieuré de St Lo (Rouen). — Prémontrés (de Reims ?) — Bellosanne (Notre-Dame de). — St-Antoine, de Rouen. — Rochechouart (de), évêque de Bayeux. — Rouxel de Médavy. — Nemii, arch. de Cambrai. — Le Normant (J), évêque d'Evreux. Douze pièces.

111. — Barbier (L. B.) — Lardet (M.) — Secousse (F. R.) — Catellan (de) — Mignot (A. J.) — Baizé — Séminaire d'Aix — La Valete (J. de) — Fourcy (B. H. de) — Abbaye de Valloires. Treize pièces.

112. — Prémontrés (Reims), 2 variantes — Abbaye de Valloires, par *C. Mathey* — Carmes de Lyon — Notre-Dame de Bellosanne — St-Benoît Anonyme — Bibl. Ambrosienne. Onze pièces.

113. — MÉDECINS : Coquereau — Baron (H. T.) — Gastaldy — Le Cat, par *Hérisset* — Morand (D.) Petit (H.) — Raussin (L. H.) — Saladin, par *Merché*. Huit pièces.

114. — Harmand de Montgarny — Rega (H. J.) — Raussin (L. H.) — Arnaud (J. A. M.) — Le Cat, par *Hérisset* — de Lamothe — Routy — Ladeveze — P. Cochon — A. Correard — Delafaye. Onze pièces.

115. — INTÉRIEURS DE BIBLIOTHÈQUES : Hulthem (van) — Le Leu d'Aubilly, par *Delatre* — (Mols) — Pontus (B.) — Odier (D. C.) — Jocheri (C. G.) — C. F. ab Eberstein. Sept pièces.

116. — Anonymes. Soixante pièces. Quatre lots.

117. — Anonymes. Trente-trois pièces. Trois lots.

118. — Anonymes. Quarante pièces. Trois lots.

119. — Aiguillon (duc d') — Aligre (d') — Angy (Ch. (d') — Anisi — Aublé — Anonymes. Dix pièces.

120. — Ainval (d') — Ameline de Quincy — Arnaud Artaud (P. P.) — Beauvais Raseau — Belain — de Bourgevin — Bourlet de Vauxcelles — Camilly (de) — Chanut (G.) — Choart. Onze pièces.

121. — Allard du Bourget, Amiens — Argenson (d') — Artus (d') — Assenoy (d') — Anonymes. Huit pièces.

122\. — Amé de St-Didier, par *E. Voysard* — Ancezune de Cadroue? par *L. Legrand* — La Maillardière, par *L. Legrand.* — Languet, de Sivry, par *Et. Fessard.* Quatre pièces.

123\. — Andrée (Baron d') — Assenoy (d') — Aubrée — Aubry — Autray (Fr.) — (Avangourt ?). Six pièces.

124\. — Arconville (d'), par *Louise Le Daulceur* — Deu, par *C. N. Varin* — Fleurieu (de) — Hénault — Rivière (J. B.), par *Messager* — (de Sartines). Six pièces.

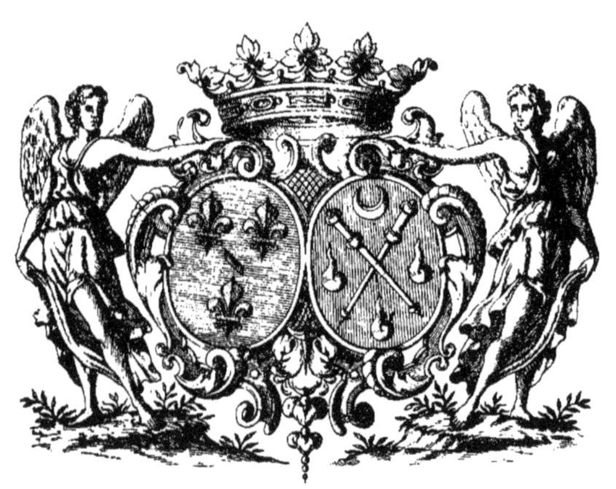

N° 40 du Catalogue

125\. — Arnoult (J. M.) — Bally (J.) — Baron (H. T.) — Barraly (de) — Baudelot (N. J.) — (de Belland) — Belli — Bengy (C.) — Bieswal (B.) — Bochart (Elie). Dix pièces.

126 — Aubert (R. P.) — Aubigny (R. d') — Aubin — Aubret (L.) — Anonymes. Neuf pièces.

127\. — Aubin, par *Branche* — Boismorant (Thirel de), par *Roy* — Boscheron (J. G. R.) — Le Cornier de Cideville, par *Bacheley* — Podio (P. L. de), par *Roy* — Troussel des Groues, par *Gamot* — (Séguier), par *Branche* — Anonyme, par Gamot. Huit pièces.

128. — Bachelier — Balsa de Firmy — Bengy — Bernard — Blanriez (de) — (Boijelin) — Bona (de) — Bordier (J. E.) — Bouillet (J. B. A.) — Brancas. Dix pièces.

129. — Bally (J.) — Baron (H. T.), 2 variantes — Beauvais Raseau (de) — Beraud (J. L.) — Bonnier (L. T. J.) — Bouju — Bretin (J. B. H.) — Brochant, par *Mathey* — Bronod. Dix pièces.

130. — Baschi (Ch. de) — Beausire (J.) — Beraud (J. L.) — Berryer (3 variantes, une du XVIIIe siècle) — Bertin. Sept pièces.

131. — Baschi (Ch. de), 2 variantes — Baudelot (J.) — Bauffremont — (Bejot) — Belissen (de) — (Bellièvre (de) — (Berthelot de la Villcharnois) — Bœcler, 2 variantes. Dix pièces.

132. — Bidault — Billouet — Blouet de Camilly — Boizé (Cl. de) — Bordier (J. E.) — Bouché d'Urmont — Bourgeois (B. L. M.) Sept pièces.

133. — (Blançay ?) par *Louise du Vivier* — (Colas de la Noue) — Deglatigny — Fauconpret de Thulus, par *Vacheron* — La Maillardière (de), par *L. Legrand* — (Le doux), par *Coutellier*. Six pièces.

134. — Boisot (Cl.) — (Boulongne ?) — Bourgevin (de) Brancas-Villeneuve — Brisseau (M.) — Brosses (de) — Brumant (N.) — Bullier (T.) — (Bullion) — Busquet. Dix pièces.

135. — Bona (C. E. de) — Bouché d'Urmont — Bourgevin (de) — Bourré de Corberon — Briot — Buchelet (de) — Bullioud (de) — Cambon (F. Th. de) — Carbon (P. L. de). Dix pièces.

136. — Brancas — Bretin (J. B. H.) — Brevedent et Bigot, 2 variantes — Bronod — Bruneau de Vassignies (Douai) — Bus de Bois (du) — Busquet (Ch[r].). Huit pièces.

137. — Brochant du Breuil, par *C. Mathey* — Brosses (C. de), par *A. Aveline* — Fourqueux (de), par *Crépy jeune* — Mascrany, par *J. B. Scotin* — Anonyme, par *Tardieu fils* — Sangnier d'Abrancourt, par *Mme Tardieu*. Six pièces.

138. — Cabour — Cailly (de) — Cambacérès fils — Camelin (M. H. de) — Cambon (F. T. de), par *Mercadier* — Cannac (P. P.) — Carbon (P. L. de), par *Baour* — Cardenas (de) — Caulet d'Hauteville — Caumartin, 3 variantes. Douze pièces.

139. — Cailly (de) — Carbon (J. L. de), 2 variantes — Castellain — Caumartin — Celon (de) — (Chaban ?) — Chaulnes, 2 variantes. Neuf pièces.

140. — Camus de Pontcarré — Le Camus de Néville — Lucas de St-Ouen, 2 variantes — Quiefdeville (de) — de Polverel, par *Pallière* — Pommereu (A. M. de) — Rousseau Delaunois — Serais, par *Nion*. Neuf pièces.

141. — (Caussade, Meaux) — (Caze de Bove) — (Cayeux ?) — — Cerfroid — Cerfraud — (Chamillard) — Chambon — Chany (G.) — Chapaix — Chateaugiron (J. M. de) — Chaulnes (de), 3 variantes — Chavadon (de) — (Chavagnac) — Chavane (J.) — Choiseul (de).

142. — Champflour (de) — Changy (de) — Chapais — Chavadon — Chevillard — Corel Du Clos — Cressonnière (de la) — Deglatigny (G.) — Delaleu — Du Boutet. Dix pièces.

143. — Chavane (J.) — Cinier (J.-J.) — Clementine (Bibl.) — Colas de la Noue — Collin — Collombat — Cormond (A.) — Coste de Champéron — Cuvilliers (de Henin) — Cuzieu (de). Dix pièces.

144. — Claret Delatourrette — Damas d'Anlezy — Damours — Des Champs des Tournelles — Devilliers Delaberge — Deslyons Fontenelle — Dompierre (Paul de) — Douay de Prehedrez — Drouet (P. P.) — Droz (F. N. E.) — Dubois — Duchene (A.). Douze pièces.

145. — Constantin — (Conty d'Argicourt) — Coquereau Correard (J. M. A.) — Costard de Bursard, 1774 — Coste de Champeron — Cottin (H. D.) — Cottin de Fontaine — Courten (de) — Cramer — Crémeaux d'Entragues — Cuzieu (de). Douze pièces.

146\. — Clary de St-Angel — Clavière (L.), 1769 — (Clément de Barville) — Cochon (P.) — Cochon Dupuy (J.) — (Colas de la Noue) — (Collinet de la Salle) — Collombat — (De Colonge) — Constant de Rebecque, 2 variantes. Onze pièces.

147\. — Crémeaux Dentragues — Delahamayde (F.) — Delepierre de Ligny — Dumoustier de Vastre — Erquelinnes (d') — Fauconpret de Thulus, par *Vacheron* — De Fenille — Imbert de Thil — Le Boucher (N.) Neuf pièces.

148\. — (D'Abzac ?) — Damours — Dampierre — Dampoigné — D'Armand — Davollé — Delaloge Dubassin — Delaleu, par *Montulay* — Delamichodière — Delessert (E.) — Delorme (Le Citoyen) — Desains — Desligneris — Du Boutet — Duchesne (A.). Quinze pièces.

149\. — (Daguin) — Dampoigné (Ch.) — Delacroix (Gr). Delamichodière (J. B.) — Delasalle (J. J. et S. de) — Delatourette (Claret) — Denis (D.) Deplace (G. M.). Dix pièces.

150\. — Delatourette — Delapierre — Delisle — De Masur — Desloges — Dezauche — Dionis (F. I.) — Doyen (A. F.) — Du Crest de Villeneuve — (P. Dupuy) — Duquesnoy (Abbé). Onze pièces.

151\. — Delaulnay — Delespine — (Des Piliers) — Dompierre (Paul de) — Droz (F. N. E.) — Dubois — Du Boulay, 2 variantes. — Dufau (B). — (Dumoustier de Vastre) — Dumont (J. F. J.) — Dunod (J.) — Du Pont de Romémont — Curand (G.) — Du Resnel — Du Rosnel, 2 variantes.

152\. — Delcambre, parfumeur à Lille, rare. — Richard de Ruffey, par *J. B. Scotin* — (Séguier), par *Branche* — Bibl. Castelli Villiacci. — Anonymes. Sept pièces.

153\. — Desains (St-Quentin) — Descamps, par *Le Mire* (réimpression) — Deschamps de St-Amand — Desjardin (P.) — Desligneris — Desloges — De Soquence — Dezauche (J. C.) — D'Héricourt — D'Hyenville, par *Viotte* — Douglas (copie). Onze pièces.

154. — Dhemard — Dompierre (F. de Paule de) — Fumechon (de) — Gazeau (J. Aymeret de) — Rymon (Philibert de). Cinq pièces,

155. — Doyen (P.) — Dubois — Du Boutet — Du Canderon — (Du Fort ?) — Du Four (L.) — Dumont (J. F. J.) — Dumoustier de Vastre — Du Parc (Comte) — Durey de Noinville — Dutertre (Chr.). Onze pièces.

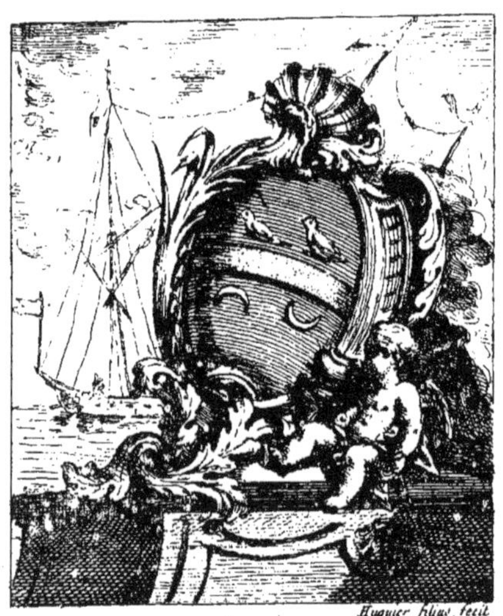

Ex Libris Mlle Hte de Cougniou de Mairville.

N° 51 du Catalogue

156. — Dufau (B.) — Enfrenel (d') — Failly — Falquet de Planta — Fiévet — Florin (B.) — Fossoul — Frizon de Blamont — Gattel — Gillet — Glomy — Glandèves Nioselles — de Gottignies, 2 variantes. Quatorze pièces.

157. — Enfrenel (d') — Erlach (d') — Estampes (L. d') — (Estavayer) — (Estienne) — Ferreol — Fievet Flamen d'Assigny — Foissey (A.) — Fonperine (de) — Fossier de Lestart — Fouquet. Douze pièces.

158. — Enfrenel (d') — Foäche — Foucault (N. J.) — Fouquet (J. B. de) — Fourcy (B. H. de) — (Fournet). Six pièces.

159. — Facipecora (A.) — Fauconpret de Thulus, par *Helman* — Formentin (D.) — Fréval (de) — Fyot — Gaillard (J.), par *Jacques* — Gallatin, par *Robin* — Gavinet — Gressent (J. L. A. de). Neuf pièces.

160. — Failly — Faivre-du-Bouvot — Faultrières (de) — (Fontanelli) — Fortia (de) — Fouquet (J. B. de) — Fourcy (B. H. de) — Fréval (de) — (Froment) — Fyot. Dix pièces.

161. — (Fléchier, évêque) — Foissey (A.) — Gaultier de Montgeroult — Jaillot — Jamart (J. F.) Josse — Odile, 2 variantes — (C. Pajot), par *Chaumier* — Rossignol (R. P.) Dix pièces.

162. — Froment de Champlagarde, par *P. C. J.* — Laus de Boissy — Le Leu d'Aubilly, par *Delatre*. Trois pièces.

163. — Gaillard (Et.) — Gallatin, par *Robin* — Gallois (J. L. G.) — Gastaldy (J. B.), par *Veyrier* — Gayffier — Germiny (de) — Gigot d'Orcy — Gillet (J. F.) — Granian de la Croix. 9 pièces.

164. — Gallatin — Harouard — Houel de Houelbourg — Hurson, 2 variantes — Jaillot — Lalaure (N.) — Larcher (J. P.) — Lebourg — Lelong (C. R.) — Lemulier (J. F.) — Le Tellier de Courtanvaux — Mailly (de) — Maranville (de). Quinze pièces.

165. — Gambais (de) — Garselle (de) — Gavinet (A. N.) — (Gemeau) — Geoffroy (A. P.) — Gougenot (G.), 2 épr. — Gourgue (de) — (Grammont? Neuf pièces.

166. — Goderville (Ch. de) — Monthiers (de) — (Rancrolles) — Tourelle (de la) — Bois-David (de) — Anonymes, par *Dieu*. Sept pièces.

167. — Gravelle de Fontaines — Gressent, 2 variantes — Guyomonneau (J. G.) — Haussy (d') — Hébert (Mortaux) — Hemey (P. N.) — Hennequin — Hurson. Neuf pièces.

168. — Gravelle de Fontaines — Girardot de Préfond — Gougenot de Croissy — Grumet (J. P.) — Guibert — Guignard (J. E. de) — Guillebon — Guymonneau (J. G.) — Guyton (A.). Neuf pièces.

169. — Guenet delouye — Gigot d'Orcy — Marié de Toulle — Mignot (A. J.) — Niepce d'Anneville — Caze de Bove — Labastie (C. de) — Canclaux (J.). Huit pièces.

170. — Gyonnet (G.) — Harlez — Huguenin Dumitand — Jacquinet (P.) — La Haye des Fosses — Lalive d'Epinay, 3 variantes — Lamenardière — Larcher — La Tournelle. Onze pièces.

171. — Hailly (J. d') — Hasselaer (G. N. P). — Hemey (P. N.) — Hennequin — Héricourt (d') — (Hoccard?) — Hovelt — (Hugon) — Hurson — Huteau (d') — Hyenville (d'), par *Viotte*, tiré en bleu, en noir et en sanguine. Treize pièces.

172. — (Imbert). — Ponsainpierre (de). — Saumery de la Carre. — Saunier (L. P.) par *Chollet*. Quatre pièces.

173. — Jacquin (A. P.). — Jaillot. — Jamart (J. F.) — Joly de Bammeville. — Josse. — Joubert (de), 2 variantes, une par *Maugein*. — Jourdan. — Juillet (A.). — Juteau (P. N.). Dix pièces.

174. — Labastie (de). — Labat. — Lacalprenède. — La Cressonnière (de). — La Cropte de Bourzac. — La Haye des Fosses. — La Jonchère (G. M. de). — Lallemant de Betz. — La Luzerne (de). — Lamothe (de). — (Lançon de de Lostières). — (Langlois de Catteville). — Langlois de Louvres. — Lannoy de Clervaux. — Larcher. — Lardet (M.). Seize pièces.

175. — La Brulerie (L.) — La Fare (J. J. abbé de). — (La Gorée). — Lalaure (N.). — Lalive d'Epinay. — Lallemant de Betz. — Lamenardière (de). — Lamoureux de la Borde. — L'Ange de la Maltière. Neuf pièces.

176. — Langlois de Louvres (A. F.), 1731, 2 variantes. Le Noir (I. N.), 2 variantes. — Fenille (de), 2 variantes. — Quarré de Monay. — Rabiel. — Renault. — Riboud. — (Richelieu). — Rigoley. — Robilliard. Treize pièces.

177. — Larcher (J. P.) — La Valette (J. de). — Le Boucher de Richemont. — Le Commissaire Le Seigneur. — Lecouteulx, 3 variantes. — (Legendre). — Le Lièvre (P.). Neuf pièces.

178. — La Rochefoucauld-Liancourt, 4 variantes. — Luynes (de), 2 variantes, — Montmorency (de). — Polignac (de). Huit pièces.
179. — Laus de Boissy, 2 variantes. — (Motteville de), 2 variantes. Quatre pièces.
180. — Lauth (Th.). — (Le Blanc de Castillon). — Lebourg. — Le Cat, par *Hérisset*. — Le Comsaire Le Seigneur. — Le Conte de Bièvre. — Le Couteulx. — L'Ecuy (J. B.). — Ledoux. — Le Febvre du Grosrier. — (Legendre). — Le Jourdan fils. — Le Tellier de Courtanvaux. — Le Tors de Chessimont. — Lemoine Giraudais. Seize pièces.
181. — Le Bouthillier (L.). — Lejourdan. — Lelarge d'Eaubonne. — Lelong. — Le Vacher. — Margue. — Maubuisson (de). — Midy. — — Millin de Grandmaison. — Mouis. — Mouton Fontenille. — Monts de Savasse. Multz. — Nay-Richecourt. Quatorze pièces.
182. — Le Moine (J. B. C.). — Le Petit d'Avennes. — Le Roux d'Esneval, 2 variantes. — Lesage. — Lesueur (M.). — Le Tellier de Courtanvaux. — (Locastel). — Lyvet d'Arantot. Neuf pièces.
183. — Le Noir (J. N.), 2 variantes. — Le Normant (J.). — (Lepetit). — Lesage. — Le Texier de Hautefeuille. — Liancourt (duc de). — Longvilliers (de). — Loppin de Masse. — Louis (A.). — (L'Ouraille). — Luzignem (de), par *Beugnet*. — Lyvet d'Arantot. Quinze pièces.
184. — Le Tors de Chessimont. — Roquencour (de) — La Haye des Fosses. — Camelin (de.) — Fréval (de). — Marin. — Pihan de la Forest. Glandeves Nioselles. Huit pièces.
185. — (Maillet). — (Mailly). — Mainsonnat. — (de Malleville). — (Marcerol). — Margue. — Maton de la Varenne. — Mauléon (de) — Maynon de Farcheville.—Meheust. 10 pièces.
186. — (Maire de Bouligney). — Malot (N.). — Manuel. — (Marcol) par *Van Merlen*. — Mareschal de Vezet). — Marin. — Mars (J.). — Mathieu (J. B.). — Maton de la Varenne. — Maury (Cal). — Maynon de Farcheville. Meaux (Bibl. de). — (Meffraye). — Melie (G. R.). — Ménage de Mondésir. 15 pièces.

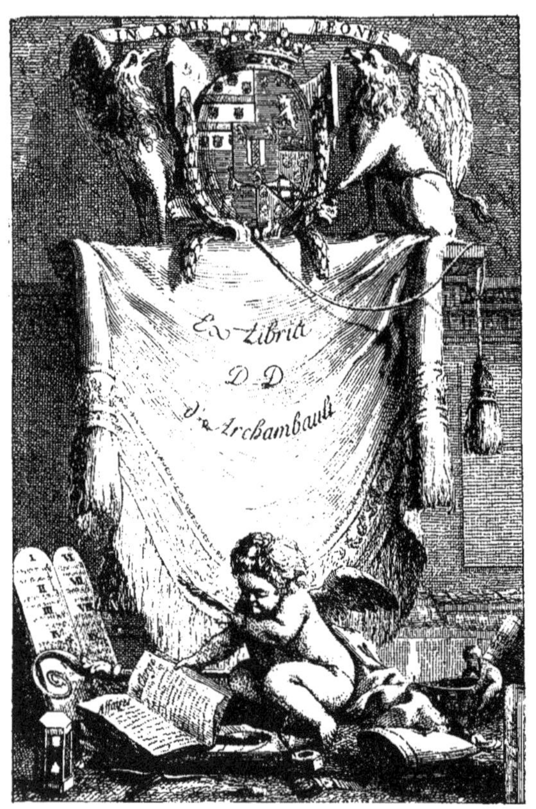

N° 27 du Catalogue

187. — Mennesson — Merlet (J.) — Meulan (P. L. M. et C. J. L.) — (Meuron) — (Michel de Léon) — Michon (L.) — Midy Duperreux, 2 variantes — Molinier (J.) — Mollevaut — Mohl (A. de) — (Mols) — Michau de Montaran, 2 variantes. Quinze pièces.

188. — Merlet (J.) — Michau de Montaran-Mignot (A. J.) — Montaulieu (Auda de) — Montfermeil (Marquis de) — Monte (de) — (Morton de Chabrillan) — (Moulinneuf) — Murat — Myette (G. M.). Dix pièces.

189. — Montfermeil (Marquis de), 2 variantes — Montfleury (de) — Montlaur (de) — (Montmora) — Montmorency (de) — Morand — Moreau de Coeffy — Morellet (abbé) — Moriceau — Mouchard, 3 variantes — Moulinneuf — Multz — Murat, 2 variantes. Dix-sept pièces.

190. — (de Narbonne) — Naville — de Neveu — Ollivier (A.) — (Orry) — (de la Pause) — (de Peigné) — Perchel — Perratierre (de) Neuf pièces.

191. — Naville — Negrier de la Crochardière — Neveu, 1760 — Neyrat (C.) — Nicolay — Novillars (de) — Noyelles (de) — Odile — (Onfray de Bréville) — (Orry de Fulvy). Dix pièces.

192. — Neuville de Larboulerie (de) — Palmes (de) — Patau de Lespare — Pourroy da l'Auberivière — Rheims (Chapitre de) — Resnel (J. F. du) — Rigoley d'Ognies — Riverieulx de Varax — Anonymes — Ex-libris modernes, etc. Dix-huit pièces.

193. — Odile — Palisot (J. F.) — Pecquet (A.) — Perrichon — Ponsainpierre (de) — Postic — Richard — Rieu — de Rochemore. Neuf pièces.

194. — Palisot d'Athies — Papion de Tours — Paris — Pasquier de Messange — Pastoret (de) — Patu (A. J.) — (Peigné d'Ouméný) — Petit (F.) — Petitpas — Philippe (J. B.) — Philipps (H.) par *Montulay*. Douze pièces.

195. — Pasquier de Messange, 2 variantes — Pigou, 2 variantes — Secousse (D. F.), 2 variantes. Six pièces.

196. — Philippe (J. B.) — Pichault de la Martinière — Pigeau (F.) — Pinel (J. B.) — Pothier de Nouvion) — Preaux (de) — Pruvost (C. F.). Neuf pièces.

197. — Picot de Closrivière — Pigeau (F.) — Pigné de Montchevrel — Pigou — Pinseau — (Polignac) — Poncet de la Grave — Pontchartrain — Poulletier — Peysson de Bacot — Pruvost — (Quarré d'Aligny). Treize pièces.

198. — Rega (H. J.) — Reynold (G. de) — par *Striedbeck* — Rieu — (Rigoley de Juvigny) — Robillard (J. L.) — Rohan (Prince de) — Rolland (B. G.) — Romé de Vernouillet — Roquencour (de) — Rosen, 2 variantes. Onze pièces.
199. — Roberthon (de), 2 variantes — Rohan (A. J., Prince de) — Ryard (A.) — Saint-Pol (de) — Saumery (A. de), évêque de Rieux — Tellus (A. L.) — Vaucresson (de), par *Beaumont* — (de Viry), par *Wasset*. Neuf pièces.
200. — Roger (R.) — Rousseau (C. B.) — Routy — Rozier — Ste-Croix (de) — Terray (J. M.) — Thorigny (de) — Vaulserre des Adrets — de Villemur. Dix pièces.
201. — Rolland (B. G.) — Romanans (Mich. de) — Rosel (du) — Rosen — Rosnel (du) — Roussel (D.) — Ryard (Ant). Sept pièces.
202. — Rosset — Rousseau Delaunois — Roussel, 2 variantes — Roussin (L. J.) — Routy (F.) — Roux (F.) — Rozan (F. P.) — Ruffier (Cl.) — de Rumare, 2 variantes. Onze pièces.
203. — Saint-Maurice (de), 3 variantes — Saint-Victor (R. de) — Salvert Mont-Roignon — Saulot de Bospin — Sevrey (N.) — Soufflot — Surbeck (de). Dix pièces.
204. — Saint-Pol (de) — Saint-Port (J. B. de) — Salvert Mont-Roignon — Saluces de Menus — (de Sartines) — Saulot de Bospin, 2 variantes. Sept pièces.
205. — Saunier du Lac — Savoye (J. B.) — Secousse (D. F. et F. R.), 3 p. — Seguret — Sevrey (V.) — Soran (de). Huit pièces.
206. — Séguier, par *Gaucher* — N. C. L. (Nantes, Commune libre), par *L. Legrand* — Suremain — (de Luynes) — Henrion, par *C. Roy*. Cinq pièces.
207. — Talegrand — (Testu) — Théville (de) — Thyard (de) — (de Trevary) — Trudon (P.) Turgot. Huit pièces.
208. — Terray — Thierry de Villedavray — (Thiroux de Crosne) — (Thomé) — de Thorigny — de Thyard — Tilliers (de) — de Tilly — Titon de Villotran — Turgot (D. B.). Dix pièces.

209. — Vacher (G.), 1723 — Vallée (O.) — Vaucresson (de), 2 variantes, par *Beaumont* — Vallon (P. S.) — Valory (F. C. de) — (Verthamon) — Vesvrotte (Richard de) — Vichet (A. G.) — de Vienne. Dix pièces.

210. — Vallée (O.), par *Beaumont* — Vassé (J.) — Vaucresson de Cormainville, par *Beaumont* — de Vienne, par *Gosset* — Anonymes, par *Campion*, *Baumés*, *Lussaut*. Neuf pièces.

211. — Vialart (de Bourgevin de) — Villiers de Terrage, par *Branche* — Vauville (de) — Verges (Ch[r] de) — Verthamon (de) — Villevieille — Xaupi (J.). Sept pièces.

212. — Villemur (de) — Villiez, 1770 — Vingt-deux (P. N.), 2 variantes — Voulges (C. de) — Vravet — Xaupi (J.), par *Avisse*, 2 variantes. Huit pièces.

XIXe Siècle

213. — Chastanet (C. L. J.), chirurgien, par *Durig*, à Lille — Magon de Terlaye, par le même. Deux pièces rares.

214. — Malfait (Séraphin), par *Durig*.

215. — Astorg (Cte d') — Ancelot — Berry (Dsse de) — Berryer, par *Oblin* — Bièvre (Mis de) — Boillot, à Belfort — Boullemer de Thiville, 1814 — Boutourlin, 2 variantes — Boyveau, médecin, dit Laffecteur — Breteuil (Bon de) — Broglie — Bry (J. de) — Caffarelli, 2 variantes — Chamont (de) — Chardon — Deplace — Du Parc, 2 variantes — de Fortia de Gaëte, par *Coquardon fils* — Givenchy (de) — Grasset — Houbigant — La Porte (A. F. de) — Lemercier (J. C. — Le Veneur — Liancourt — Mailly — (Motteley) — Mouchy-Noailles — Nadaillac (de) — Pastoret (de) — Portalis (J. M. Cte) — Pérouse-Prié — Richard par *Fontanels*, 1909 — Rœderer — de Rozières — St Simon Vermandois — Soissan l'aîné — Stael (Mme de) — Suchet (Mal) — Terray — Thiery — A. de Tscharner — Valadous (de). Quarante-huit pièces. *Deux lots*.

216. — Anière — Assire (P. E.) — Beaucousin — Beauvoir (de) — Berenger (de) — Botheret (de) — Bonnechose (Cardinal de), 4 variantes — Boulenger (P.) — Bourneville — Boury (de) — Caix de St-Aymour — Chamont (de) — Chapaix (de), 2 variantes. — Charreyre — Chasles (M. et Ph.) — Chaulin (de) — Corbière (de) — Coucy (de) — Delasize — De Launay (Cte) — des Mares de Trébons — Du Parc

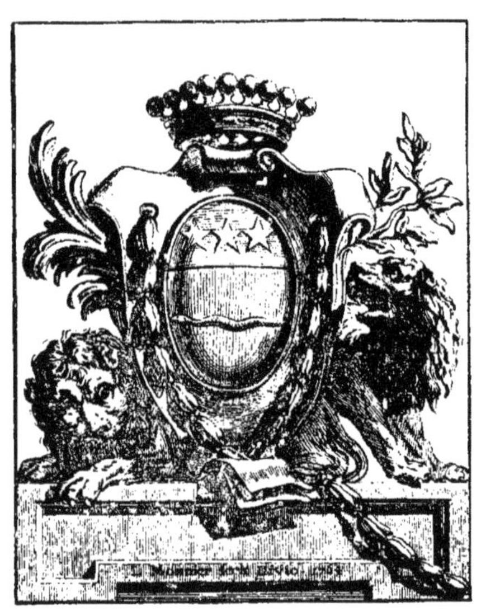

N° 23 du Catalogue

— Estourmel (d') — Didiot (P.) — Félix (J.) — Fleury (P.) — Fortia (Mis de). Trente-trois pièces.

217. — Beurdeley (Alf.) — Blacas (X. de) — Catel, par *H. Boutet* — Charles (H. et M.) — Chastellux (de) — Choppin (R.), par *Agry* — Cossé (de) — Coucy (de) — Crozet (de) — Dion (de) — Mme Etevenon, par *A. Varin* — Harcourt — Lagrange (de) — Leroy (Aimé),

par *Burdet* — Lesseps (F. de) — Malibran (H.) — Marbot (de) — Meyer (Arthur) — Monselet (Ch.) par *Devambez* — Montalivet (de) Montgomery (de) — Montpensier (de), par *Decourcelle* — St-Victor — Saluces (de) — Ségur (de) — Solar, par *P. Chenay*. — Triqueti (de) — Anonymes, par *O. de Rochebrune*. Trente-trois pièces.

218. — Foy (Comte) — Gayffier (de) — Guizot — Guyot de St-Remy — (de la Herche) — Hogguer (d') Houbigant — Jones (H.) — La Chaussée — Laforce (D^sse de) — Lamazou (Abbé) — Langlois d'Estaintot — Le Verdier — Marcadé (P.) — Mercier (A.) — Mery de Bellegarde — Pastoret (de) — Quérilhac — Rœderer — Rothschild (J. de) — Royer (A.) — St-Simon Seguin (G. de) — Tascher de la Pagerie — Thomas (Mgr) — Vallois (R.) — Vaudreuil (de) Vaufreland (de). Vingt-neuf pièces.

DIVERS

219 — Boecler (J.), par *Weis* — Spielmann (J. R.), par *Striedbeck* — Aigremont (Ch^r d'), par *Jungwierth* — Danckelmann, par *Bernigeroth* — Geerts (P. J. J.) — Godescar (de), etc. Trente pièces. *Ce n° sera divisé.*

220. — Bowen (Th.) — Gillingham (E. N. de), 2 variantes. — Nevil (Will) — Scott (John), 2 variantes — Whetenhall (Th.) — Wilkieson. Huit pièces.

221. — Ex libris — la plupart modernes — Réimpressions — Armoiries. Quarante-quatre pièces.

222. — Sous ce numéro il sera vendu des ex-libris non catalogués.

IMP. FRAZIER-SOYE, 153, RUE MONTMARTRE, PARIS

www.ingramcontent.com/pod-product-compliance
Ingram Content Group UK Ltd.
Pitfield, Milton Keynes, MK11 3LW, UK
UKHW022147260726
13993UKWH00005B/2210